Halle an der Saale

Markt - Hallmarkt - Spitze

Impressum
Halle an der Saale
Markt - Hallmarkt - Spitze
Herausgeber: DVZ-VERLAGS-GmbH

Copyright 2001 by DVZ-VERLAGS-GmbH, 06126 Halle (Saale)
Printed in Germany. Alle Rechte vorbehalten.
Satz: DVZ-VERLAGS-GmbH
Druck: UNION DRUCK Halle GmbH

ISBN 3-9807801-0-4

Christina Seidel

Halle an der Saale
Markt - Hallmarkt - Spitze

Ein Stadtrundgang
mit
Hans von Schönitz

Fotografie:
Klaus-Peter Röder
Grafik:
Kerstin Sebastian

DVZ-VERLAGS-GmbH

Homepage Hans Schönitz

Biografie:
1499 geboren in Halle
1523 Heirat mit Magdalena Walter, Tochter des Bürgermeisters von Leipzig, vier Kinder
1528 Finanzberater Albrechts
1532 geadelt
1534 verhaftet
1535 hingerichtet (Galgenberg)

Verdienste:
Errichtung des Kühlen Brunnens - Beschaffung der Gelder zur Errichtung des Neuen Stifts - Idee zum Zusammenlegen der beiden Kirchen auf dem Marktplatz und Leitung der Bauvorhaben

Ziel:
Halle zur schönsten Stadt im deutschen Reich zu machen

Hans von Schönitz, seit Januar 2000 Chef der halleschen Marketingabteilung, saß im Roten Turm in der Stadtinformation am Computer. Seine Mitarbeiter hatten längst Feierabend, der Markt lag ziemlich ausgestorben, über dem Rathaus hing der Vollmond. Schönitz arbeitete an seiner Homepage.

www.halle-information.de/hschönitz

Schönitz lehnte sich auf seinem Stuhl zurück und grübelte. Sein Ziel hatte er nicht erreicht. Sieben Jahre waren dazu einfach zu kurz gewesen. Trotzdem war er stolz auf sein Wirken damals anno 1520 in der Stadt. Noch heute, fünfhundert Jahre danach ... Er stand auf und blickte zur Marktkirche.
Aber die Stadtführung morgen ...? Schönitz rieb sich nachdenklich die Stirn. War dafür ein 1535 Gehenkter den Hallensern und ihren Gästen zuzumuten? Es würde Beschwerden geben, Rückforderungen von Teilnahmegebühren ...
Schönitz presste die Lippen zusammen, setzte sich wieder an den Computer, markierte das Geschriebene und drückte auf <Entfernen>. Vorbei und nicht wiederholbar ...
Er gab sein Codewort „Ring" ein und studierte die Post, die unter

schönitz@stadtführung-halle.de

eingegangen war:

Ein Geschäftsmann wollte sich in Halle niederlassen und die Stadt kennen lernen; ein Tourist das Interessanteste über die Stadt erfahren; einen Vater nerven die Fragen seines Sohnes zur Stadtgeschichte ..., eine Familie wollte Gästen aus den Altbundesländern ihre Heimatstadt zeigen.

Ein Hallenser fragte, ob es neue Erkenntnisse zur Stadtgeschichte gibt.

Und hui, Schönitz pfiff erstaunt durch die Zähne, eine Mail vom Kardinal Albrecht.

Hallo, mein lieber Schanz, lohnt es sich ins 21. Jahrhundert hinabzusteigen? Habe aus internen Kreisen gehört, dass die Stelle eines Abteilungsleiters im halleschen Stadtplanungsamt ausgeschrieben worden ist.
Sei kein Frosch und nimm nicht mehr übel.

Schönitz schüttelte den Kopf. Unverbesserlich ... Diese Antwort musste er erstmal zurückstellen. Sie würde mehr Zeit benötigen. Genaueres über den Grund seiner Auferstehung wusste er auch nicht. Irgendein Beigeordneter im Rathaus oder waren es sogar mehrere, hatten wohl in einer schwachen Minute Gott um Hilfe angefleht, und da Hans ihm mit seinen ewigen Besserwissereien sowieso ein Dorn im Auge war, schickte er ihn wieder zurück auf die Erde. Als Chef der halleschen Marketingabteilung, um zu retten, was noch zu retten war ...

Aber vielleicht hatte der Ring einen Anteil daran ... Schönitz drehte den blauen Onichel zum Licht der Schreibtischlampe. Er sah im Stein das ihn freundlich anlächelnde Gesicht, das ihn immer wieder faszinierte, so dass er nicht davon abzubringen war, dieser Ring sei sein Talisman.

Schönitz fühlte sich stark und sicher und schrieb die Mail:

Treffpunkt: Sonntag, den 7. Januar, 15:00 Uhr, Händel-Denkmal
Führung: Rund um Markt/Hallmarkt/Spitze
Dauer: ca. drei Stunden
Kosten: 10,00 DM (bei Nichtgefallen Geld zurück)

Er lächelte zufrieden, fuhr den Computer herunter, schaltete das Licht aus und verließ den Turm.

Die Uhr begann gerade die Mitternachtsstunde einzuläuten, und er blickte zur Turmspitze hinauf, als er erschrocken zusammenfuhr, denn dort war eine helle Flamme zu sehen. Feuer, wollte er schreien, aber die Flamme löste sich vom Turm und schwebte ohne Sinn und Verstand allmählich abwärts. "Was soll der Hokuspokus?", rief Schönitz, "welcher fremde Zauber hält mich hier zum Narren?" Kein Mensch war auf dem Marktplatz, kein Fenster geöffnet, sein Rufen verhallte ungehört.

Und doch redete plötzlich eine Stimme zu ihm: "Du bist mutig, läufst nicht davon. Das passiert selten. Nur einmal im Jahr erscheine ich, am Dreikönigstag und wer mich anspricht, den begleite ich nach Hause, und dem gelingt das ganze Jahr alles, was er sich vornimmt." Klingt wie eine Sage, dachte Schönitz, aber auch wieder glaubhaft, denn die Flamme wich nicht von seiner Seite und leuchtete ihm durch die dunklen kleinen Straßen außerhalb des Marktes bis zu seiner Wohnung.

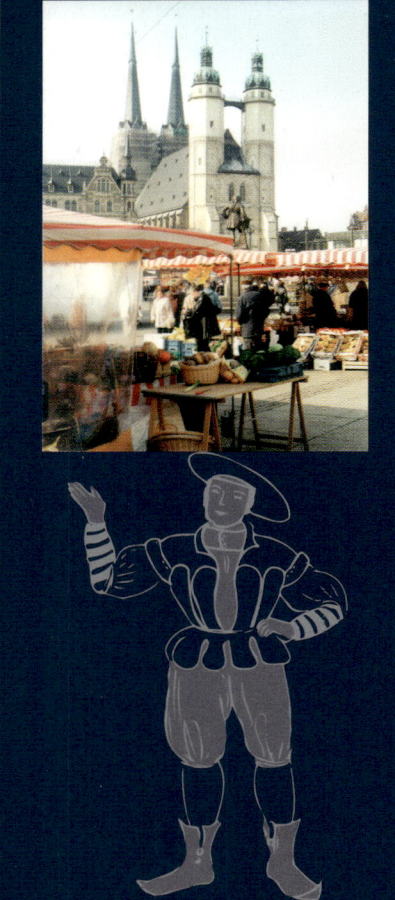

Seien Sie willkommen, meine Damen und Herren, in der Saalestadt oder Salzstadt oder Händelstadt, in der Stadt mit den vielen Namen. Sie erleben heute eine Führung, die Ihnen noch lange in Erinnerung bleiben wird ...

Ich heiße Hans Schönitz und bin ein Nachfahre des bekannten Hans von Schönitz aus dem 16. Jahrhundert. Eine verblüffende Ähnlichkeit, vor allen Dingen, wenn ich mein Barett aufsetze, ist mir schon mehrfach nachgesagt worden. Bei unserem Rundgang werde ich mich gewissermaßen zurückverwandeln, in meinen Urahn Hans von Schönitz, der 1535 durch eine Arglist des Kardinal Albrecht in Halle am Galgen endete. Sie wissen, dass sich heute viele Leute zurückverwandeln, wenn auch nicht bis ins 16. Jahrhundert.

Sie brauchen nicht zu erschrecken, meine Damen, kein vom Galgen Genommener wird zu Ihnen sprechen, sondern ein Mann in bester Gesundheit. Sehen Sie diesen Ring ... Wenn Sie mit ein bisschen Zauberei einverstanden sind, muss ich ihn nur drehen und stehe als Hans von Schönitz, auch mit dessen Wissen ausgestattet, vor Ihnen.

Als Schönitz vereinzeltes Kopfnicken und zustimmendes Gemurmel registrierte, redete er weiter.

Ich freue mich, dass Sie alle gekommen sind, obwohl man es gerade an diesem Ort mit der Zuverlässigkeit nicht so genau nimmt. „Versetzerdenkmal" wird Händels Standbild unter den Hallensern genannt, und mancher Mann, wohl weniger manche Frau, hat hier schon umsonst gewartet. Auch Händel hat lange warten müssen - auf seine Ehrung nämlich. Erst 100 Jahre nach seinem Tod hat die Stadt ihm dieses Denkmal gesetzt.

Die Form des Marktplatzes wäre zu unregelmäßig und die Buden und Kramstände würden stören, ließ man aus dem Rathaus vermelden.

Sehen Sie heute Buden und Kramstände? Nein, aber auch nur, weil Sonntag ist. Sonst ist der Markt überfüllt davon und das Denkmal verdeckt und kaum zu finden.
Geboren wurde Händel 150 Jahre nachdem ich gehenkt wurde.

Hinter der Marktkirche im Haus „Zum gelben Hirsch" kam Händel zur Welt, ich wurde auf dem Galgenberg gehenkt, dort wo jedes Jahr zum Abschlusskonzert der Händelfestspiele die Feuerwerksmusik erklingt. Beeindruckend und überwältigend! Auch seine Oper Agrippa, die in Italien uraufgeführt wurde. Das begeisterte Publikum rief: Vivat il caro Sassone! Es lebe der liebe Sachse. Richtig hätte es zwar heißen müssen, es lebe der liebe Preuße, denn Halle gehörte seit 1680 Preußen an. Aber wer will dieses Unwissen den Italienern verübeln, wenn heutzutage die Bayern nicht mal Sachsen und Sachsen-Anhalt unterscheiden können.

Der Messias ist wohl sein berühmtestes Werk. Die Melodie zu dem Hallelujachor fiel ihm in einem Krämerladen in der Nähe Londons ein und er schrieb die Noten auf eine Tüte. Hal-leluja, halle-lu-ja, hal-le-lu-ja!

Die Uraufführung war in Dublin. Obwohl es damals noch kein Fernsehen, Rundfunk oder gar Internet gab, hatte es sich sehr schnell herumgesprochen, dass Händel ein spektakuläres Werk gelungen sei. Und in den Zeitungen wurde gebeten, dass die Damen nicht im Reifrock erscheinen und die Herren den Degen zu Hause lassen, damit mehr Plätze frei seien. Als der Chor ertönte, erhoben sich die Zuschauer wie auf ein heimliches Zeichen von den Plätzen.

Sie, meine Damen und Herren, müssen sich jetzt nicht erheben, sondern nur umdrehen, um ein paar Schritte zum Ratshof zu gehen. Ein ziemlich unrepräsentatives Gebäude, nicht wahr, und vielleicht dachten Sie, das Stadthaus rechts von Ihnen ist das Rathaus. Irrtum, das ist der

Händeldenkmal

1859 zum 100. Todestag durch Bildhauer Hermann Heidel geschaffen,
8000 Taler Kosten, Händel blickt in Richtung England, seiner zweiten Heimat, auf dem Dirigentenpult liegen die aufgeschlagenen Blätter des Messias,
1999 letzte Restaurierung.

Stadthaus
1891 bis 1894 erbaut in Neurenaissanceformen mit gotischen Elementen.
Stadtparlament tagt im festlichen Ratsitzungssaal, geschmückt mit vier großen Wand- und Deckengemälden des Kunstmalers Oskar Wichendahl, die Frieden, Gerechtigkeit, Handel sowie Kunst und Wissenschaft symbolisieren sollen.

Altes Rathaus
1466-1526 erbaut
1558 Kolonnaden von Nickel Hoffmann
1884, 1917 Umbauten
1945 zerstört
1948-50 Abriss

Nachfolger des einstigen Ratskellers und hier tauschen Braut und Bräutigam die Ringe, die Oberbürgermeisterin empfängt Gäste und lässt in das Buch der Stadt eintragen.

Wo Sie jetzt stehen, wurde Mitte des 15. Jahrhunderts das Rathaus erbaut. Immer wieder wurde es verändert, z. B. mit Kolonnaden durch den Baumeister Nickel Hoffmann im 16. Jahrhundert. Die Ratswaage, links davon, ursprünglich das Bürger- und Hochzeitshaus der Stadt, war durch einen verdeckten Brückengang mit dem Rathaus verbunden. In der Waage habe ich auch meine Magdalena geheiratet. Sie hat bei Albrecht für mich um Gnade gefleht und hätte beinahe sogar ihre Kleider fallen lassen dafür, aber das ist eine andere Geschichte ...
Das Gebäude überließ der Rat Ende des 17. Jahrhunderts Christian Thomasius für Vorlesungszwecke, und hier wurde 1694 auch die Universität feierlich eingeweiht.

Die Rathausstraße, ursprünglich „hinter dem rathuse" zwischen Waage und Kreuzkapelle führte zum Sandberg. In der Kapelle mussten die Magistratspersonen vor Beginn jeder Versammlung erst die Messe hören. Ob sie das klüger und in ihren Entscheidungen weise gemacht hat, sei dahingestellt.
Rathaus und Waage, auch die Kapelle, wurden Ostersamstag 1945 durch amerikanische Flieger bombardiert. Im Stadtrat hat man später beraten, ob die Gebäude abgerissen oder wieder errichtet werden sollen. Halle war die am wenigsten zerstörte Großstadt, erhielt aber auch die wenigsten Mittel für den Wiederaufbau. Es gibt Wichtigeres, was getan werden muss, hieß es damals und das sagen Stimmen auch heute, wenn Meinungen laut werden, das Rathaus neu erstehen zu lassen.
Ich kann ihnen nur recht geben, wenn kein Geld da ist, soll man die Hände davon lassen ...
Mir hat's den Kopf gekostet, und auch Albrecht hat die Stadt kein Denkmal gesetzt ...

Aber das ist eine andere Geschichte ...

Der Ratshof, in dem sich die Stadtverwaltung und das Einwohnermeldeamt befinden, ist erst 70 Jahre alt. Auf Schmuck verzichtete man damals, denn das Gebäude wurde versteckt im Hof, daher der Name, hinter dem Rathaus errichtet. Nur an der Südwestecke sind Figuren des halleschen Bildhauers Gustav Weidanz angebracht. Auch sie wurden im Krieg zerstört und 1983 von Johannes Baumgärtner neu geschaffen. Ich habe sogar ein Fernglas mitgebracht, denn mit bloßen Augen sind sie schwer zu erkennen. Sie symbolisieren den Bergbau, die Industrie, eine Badende, den Handel und die Schöne.

Vielleicht sind die Figuren bewusst so hoch angebracht, damit sie kaum jemand wahrnimmt und sich fragt: „Wo sind der Bergbau, die Industrie ..." Lange muss man auch suchen in Halle, um Badende zu finden ... Mitunter werden Bäder gerade im Sommer instand gesetzt oder wegen zu hoher Renovierungskosten gleich ganz geschlossen.

Dafür vielleicht ein Rathaus neu erbaut ...

Das Schöne hingegen findet sich in Halle. Man muss nur einen Blick dafür haben. Auch für die Schönen ... Nicht wahr, mein Herr, Sie halten es wohl auch für interessanter, schlanken Beinen hinterher zu schauen, als Jahreszahlen zu hören ...

Weil wir nun einmal bei den Hallenserinnen sind ... Gestatten Sie, dass ich Ihnen vorlese, was Franz Knauth 1853 in seinem Buch schrieb:

Die Hallenser Damen ... sind zwar im allgemeinen ganz niedlich, allein sie werden mir zugeben müssen, dass ihnen durchschnittlich die frischen Gesichter und der stattliche Wuchs der Thüringer Mädchen ebenso fehlen, als die Zierlichkeit und der graziöse Anstand der sächsischen Damen. Dagegen entfaltet die Hallenserin als Hausfrau gar manche löbliche Eigenschaft. Namentlich sind es Ordnung und Reinlichkeit, mit besonderer Vorliebe für freundliche, selbst anscheinend luxuriöse Umgebung und die Zahl der glücklichen Ehen in Halle kann mit Recht bedeutend genannt werden, da Scheidungen unter den bessern Ständen so unerhört seltene Dinge sind, dass sie ein Ereignis bilden. Will daher ein Fremder in Halle recht angenehm leben, so möchte ich ihm allen Ernstes rathen, sich eine Hallenserin zur Frau zu nehmen, - es wird ihn schwer gereuen!

Halle in Zahlen

ca. 255 000 Einwohner
Fläche: 135 km²
41 Türme auf 32 Kirchen
369 Hektar öffentliche Park- und Grünflächen
656 Hektar öffentlicher und
100 Hektar privater Stadtwald

63 Sportplätze, Eissporthalle, Leichtathletikhalle
Freizeittipps: Zoo, Botanischer Garten, Galopprennbahn, Peißnitzinsel, 5 Kinos, Rabeninsel, Dölauer Heide, Opernhaus, vier Sprechtheater, Varieté

Sie, meine Herren, werden Ihre eigenen Erfahrungen und Beobachtungen gemacht haben, 150 Jahre nach Franz Knauth. An Ihren Gesichtern, meine Damen, sehe ich, dass es besser wäre, das Thema zu wechseln.

Wer schwindelfrei ist, kann jetzt im Paternoster fast bis zum Dach des Ratshofes hinauffahren und mit mir die Stadt von oben betrachten. Diese Gelegenheit haben Sie nur bei meiner Führung, sonst bleiben die oberen Balkontüren verschlossen.

Bitte nicht drängeln und nacheinander hinaustreten! Nun glauben Sie mir sicher, dass es sich lohnt, die Stadt auch außerhalb ihres Zentrums kennenzulernen; die Franckeschen Stiftungen, die Moritzburg, den Dom, die Burg Giebichenstein, die Dölauer Heide, die Rabeninsel, den einzigen natürlichen Bergzoo Europas, um Ihnen nur einige Sehenswürdigkeiten und Ausflugsziele zu nennen.

Und auch Zahlen sind an dieser Stelle unvermeidlich, denn Halle ist die größte Stadt des Landes Sachsen-Anhalt und die viertgrößte im Osten Deutschlands.

Schließen Sie die Augen und stellen Sie sich vor, dass unter Ihnen vor mehr als tausend Jahren nur wenige ärmliche Salzsieder in Hütten aus Stroh und Holz hausten und hören Sie eine Sage dazu, die ich meinen Söhnen immer vor dem Einschlafen erzählen musste, wenn Mond und Sterne am Himmel standen.

Aus water und holt

Es geschah zu der Zeit, als Kaiser Karl mit seinem Heer an der Siedlung Halla vorbeizog. Wilde Gerüchte waren ihm vorhergeeilt, und die Ansiedler harrten in Angst und Schrecken vor seinen Taten. Doch der Kaiser hatte seinen guten Tag, lächelte freundlich und huldvoll, so dass sich ein Salzsieder ein Herz fasste und fragte, ob der Kaiser ihnen erlauben würde, um die Koten eine Mauer mit Türmen zu ziehen und so eine Stadt zu gründen. Zu oft würde ihr Weniges noch geraubt.

Sehr armselig kamen dem Kaiser die Leute vor, in ihren verrußten Lumpen, und er fragte, woher sie das Geld nehmen wollen für Mauer und Türme. Der mutige Mann antwortete: "Han mer hüte water und holt, so han mer morne silber und gold."

Der Kaiser sagte scherzhaft:" So ist es recht. Baut eure Stadt mit Wasser und Holz, und Mond und Sterne leuchten euch dabei." Lachend zog er mit seinen Soldaten weiter.

Die Salzsieder fingen sogleich an zu bauen. Tags und nachts fügten sie Stein auf Stein, und als Dank, dass ihnen der Mond und die Sterne bei ihrer Arbeit leuchteten, nahmen sie diese in ihr Wappen auf.

Sie können die Augen wieder öffnen und mit mir hinunterfahren, um am Ratshof unser Wappen zu sehen, den nach oben geöffneten Halbmond zwischen zwei Sternen. Sie finden es aber auch am Stadthaus, auf Kanaldeckeln oder alten Fensterläden.

Ich lade Sie jetzt zu einem Spaziergang rund um den Markt ein.

13 Straßen und Gassen treffen auf diesen Platz. Keine ist für Autofahrer zugelassen. Und Radfahrer dürfen höchstens in eine Richtung fahren. Freilich, nicht alle halten sich dran. Nur die Straßenbahn hat immer Vorfahrt.

Sie werden es nicht glauben, aber zu meiner Zeit lebte man auf dem Markt gefährlicher. Reiter, Kutschen, Schweine, allen musste man ausweichen und meist in tiefe Pfützen und Schlammlöcher.

Selbst Albrecht wäre bei seinem Einzug als neuer Landesherr im Jahre 1514 beinahe vom Pferd gestürzt, weil ein Eber den Weg kreuzte. Seinen Ring verlor er dabei, aber das ist eine andere Geschichte ...

Der Ratshof wird von der Rathausstraße, die zum Landgericht auf dem Hansering führt und der Gustav-Anlauf-Straße eingeschlossen.

Wenn Sie die Stadt mit dem Zug wieder verlassen wollen, wählen Sie die Leipziger Straße, den kürzesten Weg zum Bahnhof. Zu meiner Zeit bis ins 19. Jahrhundert hieß sie Galgstraße, und der Wagen des Henkers rumpelte auf ihr durch das Galgtor am Leipziger Turm zur Richtstätte auf dem heutigen Riebeckplatz. Jahrelang protestierten Bürger gegen diesen Namen, und 1827 wurde der Teil zwischen Markt und Leipziger Turm in Leipziger Straße umbenannt.

Seit 1974, nachdem auch die Straßenbahnschienen entfernt wurden, ist es eine Straße zum Bummeln, Einkaufen, Schaufenster betrachten, und doch sollte man mitunter nach unten sehen, um nicht über unauffällige Stufen zu stolpern. Die Hallenser nennen die Straße "Bulle wart", des Französischen etwas unkundig.

Wir umrunden den Markt im Uhrzeigersinn und treffen auf die Märkerstraße, ursprünglich Merclines Strate, die zum Großen Berlin führt. Bis ins 19. Jahrhundert wurde sie Gelehrtenstraße genannt, denn hier wohnten hallesche Professoren, wie die Philosophen Schleiermacher und Christian Wolff.

Zahlreiche denkmalgeschützte Häuser warten auf Restaurierung oder verbergen ihre Fassaden gegenwärtig hinter Vorhängen. Andere stehen wieder im alten Glanz, wie das Haus Nr. 10, in dem Christian Wolff von 1741-1754 wohnte. Heute beherbergt es das Stadtmuseum. Dort können Sie Ihr Wissen über Halle noch erweitern, auch in einen mittelalterlichen Keller steigen, oder das Wolff-Zimmer aufsuchen, mit Kamin und dem Wappen Wolffs und aufmerksam werden auf die hölzerne Kassettendecke im Großen Saal, eine architektonische Kostbarkeit.

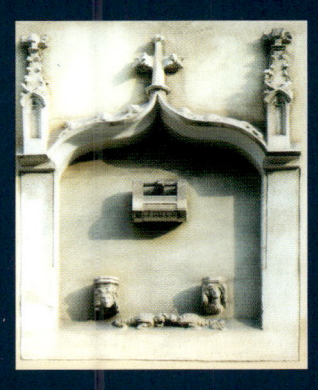

Geben Sie Acht, meine Damen und Herren, in der Schmeerstraße auf die Straßenbahn. Sie fährt über den Alten Markt, den Rannischen Platz, zur Südstadt hinaus bis zur Silberhöhe.

Die Straße trägt ihren Namen schon über fünfhundert Jahre. Schweineschlächter und Schmeerschneider wohnten früher darin, später auch andere Handwerker. Das älteste Haus, die Nr. 2, hat mein Großvater, Lorenz Prellwitz, erbaut. Es ist 530 Jahre alt. Sehen Sie die steinernen Figuren über der Tür, u. a. ein Vorhängeschloss. Daher der Name "Zum Goldenen Schlößchen". Auch Luther hat hier oft bei seinem Freund Justus Jonas übernachtet.

Die Straßenbahn fährt über den Marktplatz auf der anderen Seite in die Kleinschmieden, in früheren Zeiten die Straße der Schlosser und Klempner.

Hier an der Nordseite wurde 1993 das ehemalige Kinderkaufhaus abgerissen und der Kaufhof neu erbaut. Kaufhaus Herrmann hieß es zuvor, und dort wurde dann der erste HO-Laden in Halle eröffnet. Neben dem Eingang zur Brüderstraße, ursprünglich Pruvestraße, nach Ritter von Pruve, stand rechts das schon im 15. Jahrhundert erwähnte Hotel "Goldener Ring". 1802 stiegen dort für ein paar Tage Goethe mit Christiane und Sohn ab, um Halle und seine Gelehrten kennen zu lernen. Heute befindet sich darin das Katasteramt.

Geschichte des Galgens

1593 wurden alle Steinmetzen per Ratserlass verpflichtet, den Pranger, auch "Staupsäule" genannt, auf dem Markt zu errichten.
1659 im Siebenjährigen Krieg von Reichstruppen verbrannt
1766 wurde auf dem Marktplatz der "Soldatengalgen" errichtet, zur Hinrichtung von Militärpersonal.
1807 entfernt auf Befehl des französischen Kommandanten

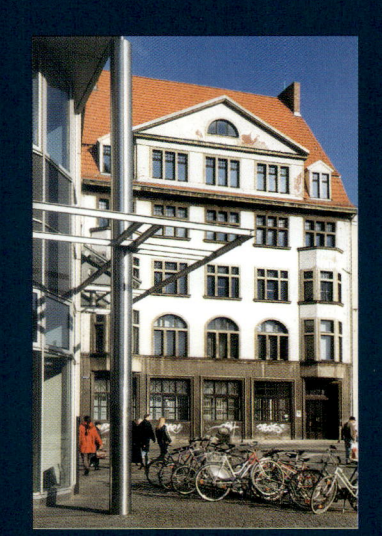

Roter Turm 81 - 84 m hoch (Zahlenangaben variieren)
1418 - 1506 erbaut
1825 neugot. Backsteinumbau
16.4.45 ausgebrannt durch Beschuss von amerikanischen Granaten
1964 freitragender Pavillon aus Halbparaboloidschalen errichtet, im Volksmund „Schmetterling" genannt
1975 „Schmetterling" entfernt, Turmhelm errichtet
1976 Umbau mit kupfernen Außenwandplatten
1993 Turm erhielt weltgrößtes Glockenspiel, 76 Glocken

Haben Sie mitgezählt, wieviel Straßen wir überquert bzw. in wieviel wir hineingeschaut haben? Sechs liegen noch vor uns.

Wenden wir uns aber erst dem Roland und dem Roten Turm zu, dem einzigen frei stehenden Glockenturm Deutschlands. Warum Rot fragen Sie? Viel Blut floss an dieser Rolandsäule, denn damals wurde man schon wegen Diebstahl oder Unterschlagung zum Tode verurteilt. Ich kann ein Lied davon singen.

Der untere Teil stammt aus romanischer Zeit. Beim großen Stadtbrand 1312 wurde der Turm bis auf diese Grundmauern zerstört und im 15. Jahrhundert dann erneut aufgebaut. Es sollte ein Denkmal bürgerlichen Selbstbewusstseins werden, gegen den Magdeburger Erzbischof und die Stadtherren gerichtet. Der Eingang in den Turm liegt wie bei einem Wohnturm fünf Meter über dem Markt. Auf der Spitze glänzt eine goldene Kugel mit 246 Stacheln, um Geister und Dämonen nachts abzuschrecken. Reliquien von Heiligen, Knochen von den 11000 Jungfrauen und vom Heiligen Moritz sollen in ihr verwahrt gewesen sein.

Die Reliquiensammlung, die mein Herr, der Kardinal Albrecht damals anno 1520 in der unfertigen Stiftskirche ausstellte, ist unübertroffen. 8933 Partikel, 43 Heiligenkörper. Damit wäre er heutzutage ins "Guinessbuch der Rekorde" gekommen ...

Der steinerne Roland ist erst 274 Jahre alt und eine Kopie des hölzernen Originals von etwa 1250.

Wir lassen den Turm mit Roland links liegen und gelangen zum Kühlen Brunnen. Sie können die Gasse hinuntergehen und sehen, was übriggeblieben ist von meinem Palast, der 20 000 Gulden verschlang. Albrecht hat mir das Gelände mit der zerfallenen Lampertikapelle zur Hochzeit geschenkt. Und dann habe ich bauen lassen, wie ich's in Italien und Augsburg gesehen habe. Dreigeschossig, mit Galerie und Seitenflügeln bis zum Großen Schlamm, Arkaden, Festsälen wie sie kein anderes Bürgerhaus damals vorweisen konnte. Keine Handwerkerhand regt sich heute, um mein Haus wieder aufzubauen.

Ich, Sie fragen, warum ich nicht ...? Soll ich mich erneut verschulden? Ohne richtiges Konzept ... Obwohl, Ideen hätte ich viele ...

Eine Galerie, ein Hotel mit Nostalgiezimmern ... Vielleicht ein Café und Restaurant mit alten halleschen Rezepten ...

Schweinefilet mit Backpflaumen
Die Lendenstücke werden zart geklopft, leicht gesalzen und in heißer Butter angebraten. Man gibt 1/4 l saure Sahne und eine Tasse voll gewaschene und ausgesteinte Backpflaumen dazu und schmort das Fleisch weich. Die Lendchen werden in Scheiben geschnitten, angerichtet und mit etwas Salz und Zitrone abgeschmeckt.

Als Nachtisch
Gebackene Holunderblüten
Blühende Holunderdolden werden kurz in kaltem Wasser gewaschen und in einem Tuch trocken geschwenkt. Man bereitet aus 1/4 l Milch, 3 Eiern, 3 gehäuften Esslöffeln Mehl, 1 Prise Salz und 1 Teelöffel Zucker einen Eierkuchenteig.
Die Dolden werden hineingetaucht, in heißem Fett schwimmend gebacken und mit Zucker und Zimt bestreut.

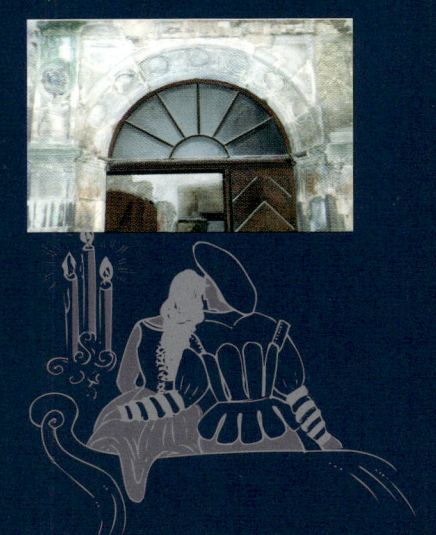

Man könnte den unterirdischen Gang zum Neuen Stift wieder ausgraben ...
Ja, dieser Gang und das geheime Zimmer ... Hätte es das nicht gegeben, wäre alles anders gekommen ...

Verraten

Der Kardinal Albrecht hatte in Augsburg Belina Mazarotti, eine italienische Sängerin, kennen gelernt. Ich sollte sie für ihn nach Halle holen. Doch auch ich verliebte mich in sie, meine Liebe wurde erwidert und im Kühlen Brunnen in einem geheimen Zimmer trafen wir uns ungestört. Ich erfand immer neue Gründe, warum Belina in meinem Haus besser aufgehoben sei als bei dem Kardinal. Albrechts Spitzel und Hofnarr jedoch war unser Verhältnis nicht entgangen, und er berichtete dem Kardinal davon. Eines Abends schlich dieser den unterirdischen Gang vom Stift zu meinem Haus entlang und beobachtete uns durch ein Loch in der Wand beim Liebesspiel. Und das nicht genug. Er vernahm dabei, wie ich mich über ihn lustig machte. Das waren wohl zwei Gründe, die aber nie an die Öffentlichkeit drangen, warum ich in den Kerker geworfen wurde.
Soweit ein Teil meiner Geschichte ...

Händelkarree
Zusammen mit Händel-Haus, Musikinsel in der Stadt, beherbergt zwei Musikinstitute, Konzertsaal

Die Kleine Klausstraße, nach dem Schutzpatron all derer, die mit Wasser zu tun haben, St. Nikolaus benannt, führt zum Händelhaus.
1948 wurde im ehemaligen zweigeschossigen Gasthof „Zum gelben Hirsch", Händels Geburtshaus, ein Musikmuseum eingerichtet. Nicht nur Händel, auch des Balladendichters Carl Loewe und des Liedmeisters Robert Franz wird dort gedacht. Es bietet Ausstellungen, Tonbandführungen in mehreren Sprachen, Konzerte, ist Sitz einer wissenschaftlichen Spezialbibliothek und der Georg-Friedrich-Händel-Gesellschaft.

2001 finden die 50. Händelfestspiele in Halle statt.

Das wohl schönste Fachwerkhaus der Stadt, erbaut um 1600, steht im spitzen Winkel zwischen der Großen Klausstraße und dem Graseweg.

Wir stehen nun vor dem Marktschlösschen zwischen Großer Klausstraße und Bärgasse, einem Patrizierhaus der Spätrenaissance. Im Erdgeschoss befindet sich eine Galerie mit wechselnden Ausstellungen, in der auch Schriftsteller aus ihren Werken lesen. Durch ein schmiedeeisernes Tor gelangt man in den Innenhof und von dort zu den Geschossen. Die Haube des Treppenturms ragt über das Dach hinaus.

Gehen wir ein paar Schritte weiter in die Bärgasse, die nach dem Gasthof zum Schwarzen Bären benannt wurde, eine Ausspannherberge der Salzfuhrleute. Schon vor 500 Jahren habe ich dort gezecht. 1657 brannte sie ab, wurde aber wieder aufgebaut. Heute ist es eines der Häuser, das immer mehr zerfällt.

Vorsicht, meine Damen und Herren, die Elektrische! Diese Straßenbahn feierte 1991 ihren 100. Geburtstag. Was halten Sie davon, wenn ich die Stadtführung im halleschen Dialekt fortsetze. Mit der Elektrischen fuhr man uffen Marchte zu Halle bewaffnet mit Musspritze und Meta.

Nein, lieber weiter im Hochdeutsch. Die Bahn fährt die Talamtstraße hinunter zum Hallmarkt. Das Talamt war bis 1882 das Gerichtsgebäude der Salzsieder.

Das Braut- und das Gerichtszimmer blieben auch erhalten und sind in der Galerie Moritzburg anzusehen.

Wir bleiben noch etwas auf dem Marktplatz. Stolz bin ich auf die Marktkirche mit ihren vier Türmen. Obwohl mir nachgesagt wird, ich hätte die Schiffe von St.

Der schwarze Tod
Im Jahre **1348** wütete in Europa die Pest. Die ersten Krankheitsfälle in Halle traten in einer Straße unweit des Marktes auf. Aus Angst sich anzustecken, ließen die Stadtväter diesen Weg zumauern. Die Erkrankten schrien und fluchten, baten und jammerten, niemand hatte Mitleid mit ihnen. Elendiglich verhungerten sie. Zehn Jahre danach fand man den Mut, die Mauer einzureißen. Über alles war Gras gewachsen, seitdem

Marktkirche Unser lieben Frauen

*Erbaut **1529-1554** nach Plänen von Caspar Kraft und Baumeister Nickel Hoffmann aus Gertraudenkirche (1050) mit achteckigen Blauen Türmen und Marienkirche (1121) mit Hausmannstürmen. Zwei Orgeln, **1716** wurde die große Orgel im westlichen Mittelschiff in Anwesenheit von Johann Sebastian Bach geweiht. Bronzenes Taufbecken von **1430***

meinem Haus eine bessere Aussicht zu genießen. Und ich hätte Albrecht von einem Schatz erzählt, der unter St. Marien verborgen liegt, nur damit er seine Zustimmung zum Abriss gibt. Alles erstunken und erlogen. Den Kardinal musste ich nicht lange überzeugen. Er war Veränderungen sehr zugetan.

Nur Ärger mit halleschen Bürgern gab es, weil auch die Kirchfriedhöfe entfernt werden mussten.

1529 begannen wir mit dem Abbruch der beiden alten Kirchen. Und bereits fünf Jahre später saß ich zu Ostern mit meiner Magdalena in dem neu erbauten Teil und hörte die Predigt. Nur die Fertigstellung habe ich leider nicht mehr erlebt. Auch Albrecht nicht. 1541 hat er Halle verlassen, alles mitgenommen, was nicht niet- und nagelfest war, und vier Jahre später ist er verstorben.

Wenn Sie mittwochs 18:00 Uhr über den Marktplatz laufen, können Sie Blasmusik hören und auf einer schmalen Brücke zwischen den Hausmannstürmen die Musiker entdecken.
211 Stufen müssen die Bläser eine Wendeltreppe hinaufsteigen.

Wir gehen in die Marktkirche hinein, sonntags ist sie geöffnet. Auf der Ostseite nimmt ein Bild die ganze Breite des Mittelschiffs ein. Es erzählt die Apostelgeschichte und wurde von Heinrich Lichtenfelser 1593 geschaffen.

Darunter auf dem Flügelalter sehen Sie Madonna auf der Mondsichel mit dem Jesuskind auf ihrem Schoß und kniend zu ihren Füßen, den Kardinal. Albrecht hatte den Maler beauftragt, der Gottesmutter die Gesichtszüge seiner Geliebten, der Bäckerstochter Ursula Riedinger, zu geben.

Sogar Luther hat in der Marktkirche gepredigt, seine Totenmaske kann man hier besichtigen. Viele Streitbriefe gingen zwischen meinem Herrn und ihm hin und her.

Luthers Anregung verdanken die Hallenser die Marienbibliothek. Der Eingang befindet sich am Hinterhaus, An der Marienkirche 1. Es ist die älteste evangelische Kirchenbibliothek Deutschlands. Seit über vierhundert Jahren werden in diesen Räumen wertvolle Bücher aufbewahrt und geschützt, das Hallesche Heiltumsbuch von 1520 und eine Lutherbibel von 1541 mit eigenhändigen Eintragungen des Reformators.

Damals hat sie 2 Gulden und 8 Groschen gekostet. 17 Gänse oder einen halben Zentner Butter hätte man dafür kaufen können.

Die vier Türme sind gemeinsam mit dem Roten Turm das Wahrzeichen der Stadt. Sehr bekannt sind sie durch den Maler Lyonel Feininger geworden.

Im Haus des Buches, zwischen Schmeerstraße und Schülershof (nach dem Hof der Familie Schüler benannt), können Sie viele Bücher über Halle kaufen, falls Sie meiner Erzählung nicht glauben oder noch mehr wissen wollen. 1929 wurde das Haus erbaut. Zuvor stand 1890 hier ein „Glaspalast", das Mode-, Seiden- und Weißwarenhaus Lewin.

Wo jetzt ein neuer "Glaspalast", die Commerzbank, steht, wurde 1266 das Schöppenhaus erbaut. Hier wurden Gerichtsakten, Grundbücher aufbewahrt und bis ins 19. Jahrhundert das Schöffengericht abgehalten. Mein Prozess jedoch wurde hier nicht verhandelt, sondern auf die Burg Giebichenstein verlegt, um allzu großes Aufsehen zu vermeiden.

Bis 1817 hatte auch der Roland hier seinen Platz. Später wurde aus dem Schöppenhaus ein beliebtes Restaurant und das Hotel zur Börse.

Brunnen auf dem Markt

Zwischen Marktkirche und Rotem Turm gab es im 19. Jh. einen schönen Röhrenbrunnen, den zwei ruhende Löwen bewachten. Später wurde daraus ein Siegesbrunnen mit der Landknechtsfigur zum Gedenken an die 72 im deutsch-französischen Krieg gefallenen Soldaten aus Halle. Die zwei Löwen schenkte man der Universität. Sie zieren heute noch den Eingang zum Hauptgebäude. Seit 1926 ist der Markt wieder brunnenlos, aber der Hallmarkt besitzt seit 1998 einen Brunnen.

Im Schülershof und im Trödel wohnten bis zu Beginn des 16. Jahrhunderts die großen Patrizierfamilien. Zu meiner Zeit suchten sie sich andere Wohngegenden, und Salinearbeiter, die Halloren, siedelten sich an.

Später auch Handelsleute, die ihren Trödelkram anboten, ähnlich unseren heutigen Flohmärkten. Nichts ist davon erhalten geblieben. Hanfsack, Steinbockgasse sind verschwunden. Wahrscheinlich dachte man in den dreißiger Jahren: wir haben nur Trödel mit dem Trödelviertel und alles, aber auch alles, wurde abgerissen.

An der Marienkirche, haben Sie mitgezählt, die 13! Straße, steigen wir die Treppe hinunter zum Hallmarkt, der fünf Meter tiefer liegt als der Markt.

Thal oder Hall wurde das Gelände früher genannt, und hier wurde die Sole, das salzhaltige Wasser, aus vier Brunnen gewonnen, dem Gutjahr-, Deutschen-, Meteritz- und Hackeborn-Brunnen.

Wie es zu der Salzentdeckung kam, wollen Sie wissen?

Die Schweine waren schuld (in anderen Erzählungen Hunde)
Vor über tausend Jahren an einem heißen Sommertag hütete auf dem heutigen Hallmarkt ein Schweinehirt seine Herde. Das Gelände war morastig, zwischen Weiden und Gräsern fühlten sich die Schweine wohl und suhlten sich in Pfützen.
Abends, als die Sonne im Westen versank, und der Hirt seine Herde zusammentrieb, sah er bei einigen seiner Tiere die schwarzen Borsten an den Spitzen weiß gefärbt. Vorsichtig nahm er die kleinen Kristalle zwischen seine Finger und leckte neugierig daran. "Salz", rief er verblüfft und rasch breitete sich die frohe Kunde aus.
Bereits am folgenden Tag begannen die Bewohner der Siedlung zu graben, und bald sprudelte die Sole ihnen an mehreren Stellen entgegen.

Bornknechte schöpften die Sole aus den Brunnen und trugen sie in hölzernen Bottichen, die über zwei Zentner schwer waren, auf schmalen Stegen in die Siedehütten. Nur Naturalien erhielten sie als Lohn. Die Salzwirker, später nannte man sie Halloren, heizten eiserne Pfannen an und füllten die Sole hinein. Anfänglich besaßen die Siedehütten keinen Schornstein und die Männer arbeiteten rußgeschwärzt mit nacktem Oberkörper.

Um die Sole zu reinigen, gaben sie ein *Näpftgen voll Rindern Geblüte oder Farbe* zu, deren Zusammensetzung ein Geheimnis blieb. Im richtigen Moment wurde auch ein Becher hallesches Bier zugesetzt, um die Körnigkeit des Salzes zu fördern.
Das weiße Gold wurde getrocknet, in Weidenkörbe gefüllt und auf die Wagen der Kaufleute getragen.
Die Salzwirker gründeten 1524 die "Salzwirkerbrüderschaft im Thale zu Halle", die erste Gewerkschaft in Deutschland.

Obwohl nun schon seit fast 40 Jahren keine Sole mehr gefördert wird, gibt es die Halloren noch. Man erkennt sie an ihrer Tracht und an ihrem Namen. Viele heißen Frosch oder Moritz und tragen an Feiertagen, bei Festen und Empfängen Schuhe mit silbernen Schnallen, seidene Strümpfe, Westen mit 18 silbernen Knöpfen, deren jeder eine bestimmte Bedeutung hat, dazu lange, grellfarbige Überröcke und dreieckige Hüte.

Sie sind Meister im Fahnenschwenken, hervorragende Schwimmer, betrieben Fischfang, sind Leichenträger und halfen bei Feuersbrunst.
Wenn im Sommer wieder das Salzfest stattfindet, kann man sie auch in einem Kahn mit einem Speer als Fischerstecher erleben. Dann wird so lange gekämpft, bis einer zum Gaudium der Zuschauer über Bord geht.

Zur Zeit Karls des Großen sollen die Halloren zwölf ihrer Talbrüder als Krieger zum Kaiser geschickt haben. Diese zeigten sich besonders mutig und kämpferisch, und der Kaiser gab ihnen zum Andenken das Pferd, auf dem er selbst geritten war und eine Fahne. Er legte fest, dass jeder seiner Nachfolger den Halloren, nachdem sie den neuen Herrscher gehuldigt hatten, ein Ross, das der Landesherr selbst geritten hatte und eine Fahne schenken sollte.

Kote

Altertümlicher Begriff für Siedehütte. Die Koten trugen Namen. Die großen waren nach Vögeln, die mittleren nach vierfüßigen Tieren, die kleinen nach Gegenständen benannt.

Hallorenkuchen

250 g Butter, 200 g Zucker, 4 Eier, das Abgeriebene einer Zitrone, 1 Teelöffel Zimt, 1 Teelöffel Kardamon und 1/2 Teelöffel Muskatblüte werden schaumig geschlagen, dann 750 g Mehl und 1 Päckchen Backpulver dazugegeben und zu einem glatten Teig gerührt. Anschließend 250 g in Rum gequollene Rosinen, 125 g Korinthen, 150 g geriebene, süße Mandeln und 20 g bittere Mandeln untergehoben. Den Teig in eine runde Kuchenform füllen und bei guter Mittelhitze ca. 60 Minuten backen. Nach dem Auskühlen dick mit Puderzucker bestreuen und mit vergoldeten Gewürznelken bestecken.

In preußischer Zeit wurde das Pferd nach dem ersten Pfingstbier verkauft und von dem Erlös ein silberner Becher erworben. Die letzten Landesherren waren des Reitens nicht sehr kundig und schenkten gleich einen Becher, nachdem sie am Neujahrstag traditionsgemäß von den Halloren Schlackwürste und Soleier überreicht bekommen hatten. 83 Becher, eine Kanne und zwei Gürtelketten weist inzwischen der Silberschatz auf.

Soleier

Die Eier werden zehn Minuten gekocht, abgeschreckt und auf dem Tisch unter leichtem Druck gerollt, bis die Schale splittert.
In einem Steintopf werden sie dann übereinander gelegt und eine kräftige Salzlösung zugegeben. Die Eier müssen in der Lösung schwimmen!

In Halle gibt es eine Hallorenstraße, den Hallorenring, man isst Hallorenkugeln sowie **Hallorenkuchen**.
Im Thal besaßen die Halloren auch ihre eigene Gerichtsbarkeit, der ein Salzgraf vorstand. Die Ordnung sah u. a. vor, dass sich Jedermann im Thale vor Fluchen, Gotteslästerung, Schelten, Schlagen und dergl. zu hüten hatte.

Die Häuser rund um den Hallmarkt standen damals noch nicht. Sie wurden erst Ende des vergangenen Jahrhunderts erbaut, nachdem die Stadt das wüste Gelände erworben hatte. Trotzdem, wenn Sie sich vorstellen, dass es hier 93

Siedekoten gab, haben Sie eine Ahnung davon, wie eng es damals zugegangen ist, wie stickig und verräuchert die Luft war und wie leicht man ins Fluchen kam!

Mein Vater war Oberbornmeister, und ihm gehörten 33 Pfannen Deutschen Brunnens. Die halleschen Pfänner hatten das seltene Glück, eine mit 20 Prozent Rohsalzgehalt konzentrierte Sole verwenden zu können. „Schuld" daran war die Marktplatzverwerfung, die die salzführende Sole bis an die Oberfläche brachte.

1778 wurde die pfännerschaftliche Saline umgestaltet, und nur noch 63 Siedekoten blieben erhalten. Fünf Jahre später wurden weitere 33 stillgelegt. Inzwischen hatte sich der König für die Salzgewinnung interessiert und eine zweite Saline außerhalb der Stadt, vor dem Klaustor, errichtet. Auch eine "Allgemeinen Salzkonskription" hatte er eingeführt und jeder Untertan ab neun Jahre musste preußisches Salz kaufen. Falls sich jemand weigerte, hatte er als Strafgeld den 3- bis 5fachen Kaufpreis zu entrichten.

1868 stellte die alte Saline ihren Betrieb ganz ein, und auf dem Platz wurden die Markttage abgehalten.

Der Hallmarkt ist aber nicht nur der Ort, wo das Salz gefunden wurde, hier soll noch ein anderer Schatz verborgen sein.

Der Klosterschatz

Zu viele Klöster gab es damals im Land, und die Mönche lebten nicht keusch und demütig, sondern eher lasterhaft und verschwenderisch.

Albrecht, meinem Herrn, war das ein Dorn im Auge. Was er sich erlauben durfte, konnte er nicht bei den Mönchen dulden. So verlangte er die Räumung der Dominikanerkirche, um dort sein "Neues Stift" zu errichten.

Damit der Kardinal nicht auch noch ihre Schätze konfiszierte, vergruben sie die Mönche in einer Nacht- und Nebelaktion irgendwo hier tief unter der Erde. Ein Mönch wurde beauftragt, den Schatz so lange zu bewachen, bis seine Ordensbrüder wieder in ihr Kloster zurückkehren konnten. Da das bis heute nicht geschah, irrt er nachts immer noch ruhelos umher. Mitunter soll sich an der Stelle, wo der Schatz vergraben liegt, eine blaue Flamme zeigen. Der Mönch, so wird erzählt, bläst sie schnell aus, damit sich niemand an dem Klosterschatz bereichern kann.

Eingang zum Gutjahr-Brunnen

Sie glauben mir nicht so recht, und schon längst hat der Brunnen am Ende des Platzes Ihre Aufmerksamkeit erregt? Hier hätte ich auch mit dem Rundgang beginnen können, aber dann sehr viel vorweggenommen von der Stadtgeschichte und ihren Legenden. Inzwischen können Sie sicher manche der Figuren erkennen, die der Bildhauer Bernd Göbel geschaffen hat und die zwar stumm, aber doch beredt aus tausend Jahren erzählen.

In der ersten Gruppe - von der Freude über die Entdeckung des Salzes durch Schwein oder Hund und von der Stadtgründung, der Arbeit am Wappen im Beisein von Kirche, Staat und Halloren. In der Bodenplatte ist dem Maler Mathis Gothart, als Grünewald bekannt, der auch meine Mutter porträtierte sowie den Baumeistern Konrad Einbeck und Nickel Hoffmann ein Andenken gesetzt.

Wenn wir im Uhrzeigersinn weitergehen, finden wir in der zweiten Gruppe die diesmal trinkfreudigen Halloren wieder und die schwer tragenden Bornknechte. Eine Mutter, die ihre Arme schützend um ihr Kind hält, wird von Göbel besonders hervorgehoben. In der Bodenplatte stehen Namen von bedeutenden Wissenschaftlern, die in Halle lebten und arbeiteten, wie Dorothea Erxleben, Christian Wolff, Schleiermacher ...

In der dritten Gruppe ist Ludwig der Springer, der sich, wie die Sage erzählt, durch einen gewagten Sprung von der Burg Giebichenstein in die Saale vor seiner Verurteilung rettete, von drei Musen umgeben: der Musik, dem Theater und der Architektur. Und in der Platte darunter wird den Komponisten und Musikern Händel, Loewe, Bach und Scheidt gedacht.

Sehen Sie den kleinen Affen am Brunnenrand, der vorsichtig aus einem Koffer in drei verschiedene Richtungen blickt und sich erschrocken Nase, Augen und Ohren zuhält. Dazu können Sie sich ihre eigenen Gedanken machen.

Auf der Bodenplatte ist Curt Götz (1888-1960) zitiert: „Halle an der Saale ist und bleibt eine reizende Stadt." Ich kenne einen anderen Ausspruch von ihm: „... in jenem charakteristischen Dreigestank von Kohle, Käse und essigsaurer Tonerde, der wie eine Glocke über der Stadt hing, die auch nicht durch Wiederausatmung seitens der Hallenser besser wurde..."

Bei der vierten Gruppe werden Erinnerungen und Gefühle wach, wie sie unterschiedlicher nicht sein können. Belina, meine italienische Sängerin, die ich für Albrecht nach Halle geholt habe, die sich aber in mich verliebte. Sie erinnern sich bestimmt ... Göbel hatte ja keine Ahnung. Nicht der Kardinal hat sich nackt über sie gebeugt, ja, gewollt hat er schon und bei vielen ist es ihm auch gelungen, aber nicht bei Belina ... Ich, ich war's ... und musste büßen dafür ...

Kriegte nicht nur den Fußtritt, den Sie hier sehen ...

Die Mitra hat Göbel ihm abgenommen und dem Teufel in die Hand gedrückt ...

Ein Kardinal in dieser Stellung ... Das hat zu viele Proteste hervorgerufen und mitunter sah es so aus, als ob der Brunnen niemals aufgebaut wird.

Ein Kompromiss - Albrecht nun mit wehendem oder mit zu Berge stehendem Haar, wie immer man es deuten will ...

Dass Göbel die Gruppe „Stadtentwicklung" genannt hat, stimmt mich etwas versöhnlich, darf mir auch niemand den Anteil daran streitig machen. Ebenso nicht den Erbauern der Moritzkirche, Margarete und Moritz, die mit Herz und mit Peitsche den Bau vorantrieben.

Erkennen Sie die gegenüberstehenden Freiplastiken als Fischerstecher?

Wenn Sie die Bodenplatte bei der stürzenden Figur lesen, wissen Sie, wann ich gehängt wurde. 1535, zehn Jahre, nachdem der Bauernführer Thomas Müntzer in Mühlhausen hingerichtet wurde.

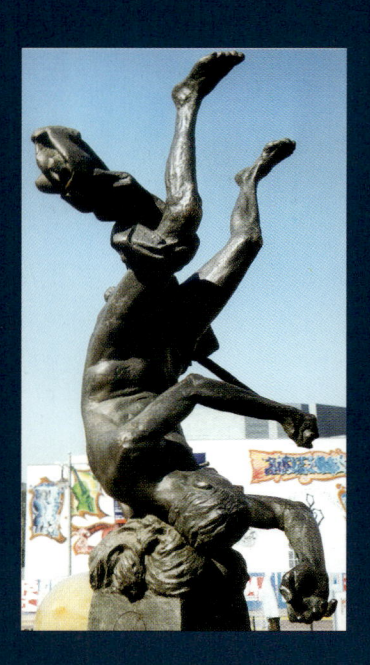

Vom Trothaer Schäfer und der Saalenixe, den anderen zwei Figuren, habe ich Ihnen noch nichts erzählt?

In Trotha, einem Stadtteil im Westen von Halle, weidete vor vielen Jahren ein Schäfer seine Herde. Nachts setzte er sich meist auf einen Felsen und blies je nach Stimmung heitere oder traurige Melodien auf seiner Flöte.
Eines Abends beobachtete er plötzlich, dass auf der anderen Seite der Saale Nixen zu seinen Klängen tanzten. Bis die Glocke vom Kirchturm die 11. Stunde schlug, dann verschwanden sie im Fluss.
Jeden Abend gelang es ihm nun, die Nixen durch sein lustiges Musizieren hervorzulocken. Um ihnen noch länger zuzusehen, unterbrach er eines nachts sein Spiel, rannte zur Kirchturmuhr und stellte sie eine Stunde zurück. Als er wieder auf seiner Flöte blies, kamen die Nixen erneut aus dem Wasser und tanzten bis zum elften Glockenschlag. Der Schäfer befürchtete Schlimmes, als er aus der Tiefe ihr lautes Klagen und Jammern vernahm. Am Morgen darauf fand er die Saale an dieser Stelle rot vor Blut, und so kräftig er am Abend die Flöte blies, die Nixen blieben verschwunden. Traurig legte sich der Schäfer zu Bett und wachte nicht wieder auf. Man erzählt, dass einem Menschen, der eine Nixe weinen hört, das Herz bricht.

Von 1978 bis 1987 hat Göbel an dem Brunnen gearbeitet. Wem er dafür dankt, dass er zu guter Letzt hier aufgestellt wurde, können Sie auf dem Fächer lesen: Klaus Rauen, dem damaligen Oberbürgermeister, Gerhard Packenius, Eva Göbel

Bevor wir den Hallmarkt mit Brunnen verlassen, möchte ich Ihnen noch die zwei Strophen des Eichendorff Gedichts, das in die Platte unterhalb des Schäfers gegossen wurde, vorlesen.

5. Das Fräulein ist alt geworden und unter Philistern umher, zerstreut ist der Ritterorden, kennt keiner den anderen mehr.

6. Auf dem verfallenen Schlosse wie der Burggeist halb im Traum steh ich jetzt ohne Genossen und kenne die Gegend kaum.

Ich kann Eichendorffs Gedanken gut nachvollziehen, ging's mir doch ähnlich, als ich nach fast fünfhundert Jahren wieder einen Fuß auf die Erde setzte.

Sie protestieren, meinen, ich kenne die Stadt und ihre Geschichte wie meine Westentasche? Danke, ich habe ja auch diesen Ring, den blauen Onichel, aber das ist eine andere Geschichte ...

Wollen Sie sich von der Muse der Musik küssen lassen, dann gehen Sie heute Abend in die Händel-HALLE. Händeldenkmal, Händel-Festspiele, Händelstraße, Händelkarree, Händel-Haus und seit 1998 nun auch die Händel-HALLE am Salzgrafenplatz, die größte Konzert- und Mehrzweckhalle Sachsen-Anhalts mit 1500 Plätzen. Nach 52 Jahren hat das Philharmonische Staatsorchester erstmals einen eigenen Probe- und Konzertsaal. Sie haben heute Abend schon etwas anderes vor? Lassen Sie uns jetzt einen Blick hineinwerfen. Sie können das Gebäude von hier aus in Richtung Westen sehen. Besonders auffällig ist das große, bunte, an die Wand gesprühte Bild mit Notenschlüsseln und Musikinstrumenten. Schade, Till Eulenspiegel fehlt.

Wie Eulenspiegel baden ging

Eulenspiegels Vater war zeitig gestorben, und die Mutter hatte ihre Not mit dem Jungen, der nichts lernen wollte und sich immer Streiche ausdachte. Eines Tages zog er vom Haus seiner Mutter zum Wartturm an der Stadtmauer des Hallmarktes ein Seil, um so die Saale zu überqueren, die damals noch nicht überbaut war. Seine Mutter, die den Menschenauflauf sah und wieder Schlimmes ahnte, schnitt vom Boden ihres Hauses das Seil durch, und Till plumpste zur Freude der Zuschauer in die Saale.

Die Geschichte geht jedoch noch weiter, denn das wäre nicht Eulenspiegel gewesen, wenn er nicht auf Rache gesonnen hätte.

Am nächsten Morgen spannte er wieder ein Seil, diesmal über die Straße und verkündete, dass er ein besonders ausgefallenes Kunststück zeigen will. Dafür brauche er aber von jedem Zuschauer den linken Schuh. Hand aufs Herz. Hätten Sie ihren Schuh hingegeben? Die Sage erzählt, dass jeder, aber auch jeder, seinen Schuh auszog. Eulenspiegel packte sie in einen Sack, stieg damit auf das Seil und schüttete von dort den Inhalt auf die empörten Menschen. Und es soll sehr lange gedauert haben, bis jeder wieder seinen Schuh am Fuß hatte.

Der soll nämlich mit seinen Eltern dort auf dem Strohhof gewohnt und in Halle seine Späße getrieben haben.

Folgen Sie mir über den Hallorenring in die Kellnerstraße bis auf diese Insel. Dort erzähle ich Ihnen die Geschichte.

Der Strohhof wird von zwei Saalearmen eingeschlossen, der Schwemme und der Gerbersaale. Am westlichen Ufer wohnten die Gerber, die auf den Böden ihre Felle trockneten, und am südlichen gab es eine Tränke sowie einen Badeplatz für das Vieh. Der Hallorenring, ein ehemaliger dritter Saalearm, den wir gerade überquert haben, wurde zugeschüttet. Früher diente das Gelände den Salzsiedern als Lagerplatz für ihr Brennmaterial. Die Gegend um Halle war nicht sehr bewaldet, und deshalb musste man sich mit Stroh zur Feuerung der Pfannen begnügen. Auch die Asche wurde hier abgeladen.

Sie können sich sicher denken, dass der Bau dieser riesigen Halle auf dem sumpfigen und versandeten Boden nicht einfach war. Viele Betonpfeiler mussten in den Boden getrieben werden, der erst ab ca. 20 Metern wieder fest wurde.

Sie sind von der kühlen Atmosphäre des Foyers überrascht? Aber dafür wirkt der Konzertsaal warm und einladend, da man Holz des kanadischen Ahorns und der amerikanischen Kirsche miteinander kombinierte.

Der älteste gegenständliche Beleg für das Stadtwappen ist im Foyer der Händel-HALLE als Leihgabe des Stadtmuseums zu sehen. Er wurde in einer Mauer in der Kellnerstraße 3 gefunden und stammt aus dem 13. Jahrhundert.

Auch das gläserne Funkhaus des Mitteldeutschen Rundfunks (MDR) gegenüber und ein neues Verwaltungsgebäude für die Stadtwerke wurden 1999 hier errichtet. Und immer noch gähnt ein großes Loch, das auf Neubebauung wartet.

Geplant ist, das gesellschaftliche Zentrum der Universität dort anzusiedeln. Aber geplant war schon viel ... Vielleicht sollte Albrecht doch ...?

Oder Tetzel, der Ablasskrämer als Spendensammler ... Hier hinunter ist er anno 1517 nicht gekommen. Hier gab es nichts zu holen für ihn.

18 Jahre war ich alt und Magdalena fast noch ein Kind. Wir sind nach seiner Bettelpredigt in der Martinskirche aus der Stadt hinaus zum Strohhof gelaufen. Butterbemmen habe ich übers Wasser geworfen und dann ihre Hand gehalten und ihr sagen müssen, dass ich am nächsten Tag nach Italien reise.

Aber das ist eine andere Geschichte ...

Butterbemmen? Sie wissen nicht was Butterbemmen sind? Diese kleinen flachen Steine, die wie aufgezogen übers Wasser springen.
Und es gibt die halleschen Bemmen, das sind Vollkornscheiben, die mit Schmalz bestrichen und mit Bauernkäse belegt werden. Darauf kommt Pflaumenmus.

Das achelt! Keinen Appetit, Sie verziehen das Gesicht? Vielleicht sollten wir doch erstmal in den halleschen Duden schauen.

Hallescher Duden

acheln	gut schmecken
asten	schwer tragen
Bläke	Zunge
Plautze	Bronchien
plieren	gucken
Deez	Kopf
Dilpsch	Sperling
Draasch	Hektik
Dussel	Dummkopf
Feez	Spaß
funzen	weinen
Gusche	Mund
Kackschmus	Gerede
Kaff	kleines Dorf (abwertend)
kambeln	sich balgen
kaubeln	schwindeln
illern, ilzen	gucken
Ische	Mädchen
Kläje	harte Arbeit
Kluft	Kleidung
Kwien	Köter (Hund)
Lubbert	Uhr
Lulatsch	großer Kerl
Maium	Wasser
Nischel	Kopf
Scheeks	Junge
Schnartzjer	Sperling
schwoofen	tanzen
spachteln	essen

Wegen der Form des nördlichen Inselteils wurde die Gegend auch Spitze genannt. Sie wirkte nicht sehr wohnlich, und mitunter stand das Wasser der Saale so hoch, dass die Bewohner des Strohhofes mit Kähnen gerettet werden mussten.

Trotzdem siedelten sich immer mehr Menschen an, denn innerhalb der Stadtmauern fanden sie keinen Platz zum Bauen. Dem Scharfrichter blieb keine andere Wahl. Er übte einen „unehrlichen" Beruf aus und musste außerhalb der Stadtgrenze wohnen.

Halle besitzt gegenwärtig 123 Brücken, von denen 63 über Wasserläufe führen. Wir können die Schwemme auf der neuen kleinen Hallorenbrücke überqueren, danach die Saale auf der Schieferbrücke und im Halloren- und Salinemuseum gleich dahinter beim Schausieden zusehen. Sie haben Glück, denn nur einmal im Monat findet es sonntags statt. Das Uhrenhaus wurde 1967 als Museum eingerichtet, nachdem drei Jahre zuvor die Salzproduktion aus Rentabilitätsgründen eingestellt worden war.

Im Museumsbetrieb werden nun jährlich 80- bis 100 t Speise- und Gewerbesalz produziert und verkauft.

1721 war die königliche Saline in Betrieb genommen worden. Dazu musste die Sole vom Brunnen auf dem Hallmarkt in Röhren über den Strohhof bis hierher in die Mansfelder Straße geleitet werden.

Die hallesche Pfännerschaft hatte damals gegen den Bau des neuen Salzwerkes protestiert: die Überschwemmungsgefahr sei zu groß, der Steinkohlendampf belästige die Stadt, die Röhrenfahrt vom Thal zur neuen Saline bringe große Soleverluste mit sich und 50 Familien (Bornknechte) würden brotlos werden.

Der König nahm darauf jedoch keine Rücksicht. Das meiste Salz wurde auf großen Kähnen nach Saalhorn gebracht, wo sich die königliche Salzniederlage befand. "Ankerhof", "Saalekahn", "Zollkeller", gemütliche Gaststätten, die in den letzten Jahren hier entstanden, verweisen darauf, dass der Hafen in der Nähe war.

Seit 1828 war am ehemaligen Hauptzollamt – Ankerstraße 2 – der Ankerplatz der Schiffe.

Hans von Schönitz, meine Damen und Herren, verabschiedet sich an dieser Stelle von Ihnen. Weil sehr viel von Salz die Rede war, zum Schluss noch ein wohlmeinender Ratschlag, wenn Ihre Suppe mal zu versalzen ist: meine Mutter Margareta warf einen reinen Wasserschwamm hinein und ließ die Speise damit sieden.

Und – nur der Vollständigkeit halber die Frage: "Will jemand sein Geld zurück?" Nein, dann gehe ich jetzt in eine der Gaststätten und bestelle mein Leibgericht.

Sie können zurück zum Markt laufen oder über die Peißnitzinsel spazieren oder sogar mit der Bahn bis Halle-Neustadt fahren oder - wie wär's mit Zwibbelwurscht und Butterbemme.

*Zwibbelwurscht,
selwer jemacht*
500 g gekochter Schweinebauch, 500 g Schabefleisch und 500 g Zwiebeln werden entweder durch den Fleischwolf gedreht oder sehr fein miteinander verhackt, dann in einen Topf gegeben und mit Kümmel, Majoran, Pfeffer, Salz, Koriander und Knoblauch abgeschmeckt. Dann rührt man so viel Fleischbrühe unter, dass die Masse ca. 30 Minuten dünsten kann.

An:kardinal@albrecht.de

Danke für Deine Mail. Bin kein Frosch, die Halloren sind's. Verrat ist verziehen und Schwamm drüber. Halle ist „Die Stadt" geworden und kaum wieder zu erkennen. Dom, Moritzburg und Marktkirche stehen noch. Die Blauen Türme werden gerade restauriert. Aber keine Straße, kein Platz, kein Haus wurden nach Dir benannt, geschweige Dir ein Denkmal gesetzt. Eine Schönitzstraße existiert! Und ein Buch gibt's, in dem unsere Geschichte erzählt wird, so wie sie sich wirklich zugetragen hat.
Die Stelle des Amtsleiters ist noch frei. Doch heute wird genauer hingeschaut als früher und bei Bestechungen oder Unterschlagungen macht die Oberbürgermeisterin kurzen Prozess. Nicht hängen, aber kündigen und in U-Haft. Nicht bei Wasser und Brot, aber garantiert ohne Frauen.
Wenn Du trotzdem kommen willst, dann treffen wir uns zum Abschlusskonzert der 50. Händel-Festspiele in der Galgenbergschlucht. Du erinnerst Dich, dort oben auf dem Berg ließest Du mich hängen. Dann gibt's Feuerwerk!
Halleluja! Schanz

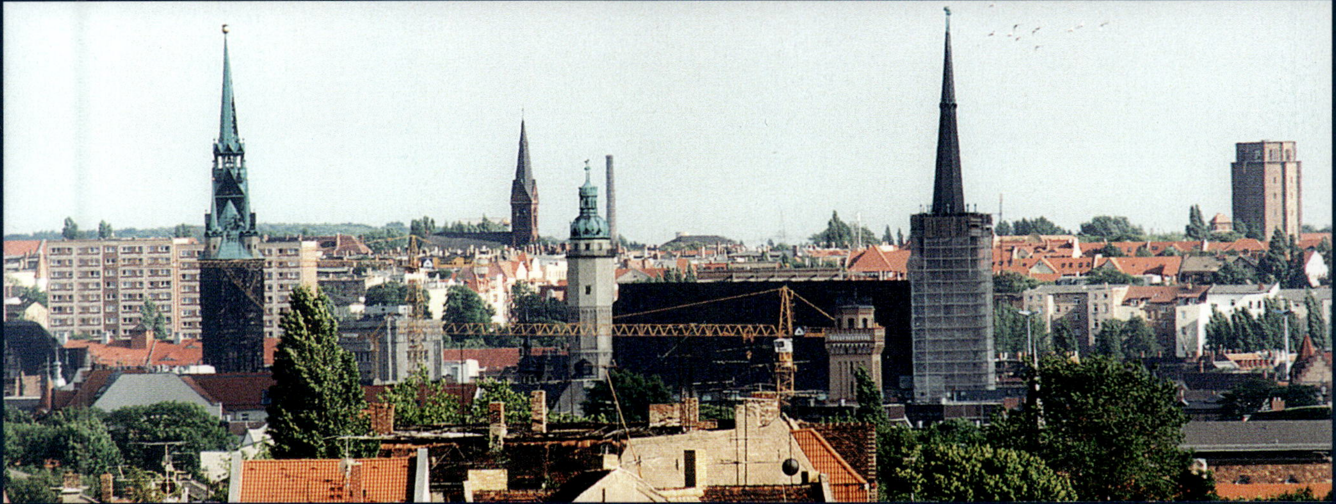

Chronik

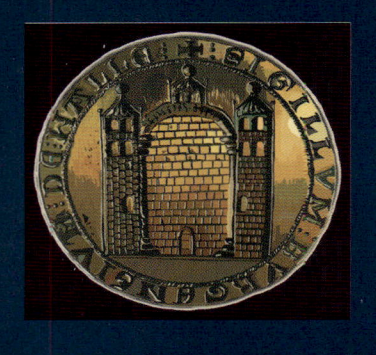

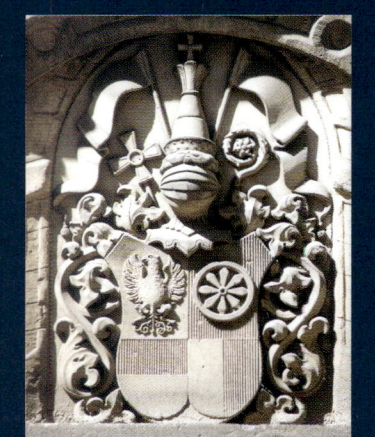

806	Halle wird erstmals erwähnt.
	"ad locam qui vocatur Halla"
Aus 13. Jh.	stammt ältestes Stadtwappen
1266	Bau des Schöppenhauses
1418-1506	Bau des Roten Turmes
1466-1526	Bau des alten Rathauses
1499	Hans Schönitz geboren
1514	Albrecht wird neuer Landesherr
1520-1526	Umbau der alten Dominikanerkirche zum Dom
1524	Gründung der "Salzwirkerbrüderschaft
	im Thal zu Halle"(Halloren)
1529-1554	Bau der Marktkirche
1535	Hans von Schönitz wird gehenkt
1541	Kardinal Albrecht verlässt Halle
1573	Baubeginn der Waage
1593	Errichtung des Prangers auf dem Markt
1685	23. Februar - Georg Friedrich Händel wird geboren
1694	Einweihung der Universität
1702	Händel wird zum Organisten der Hof- und Domkirche ernannt

721	Königliche Saline vor dem Klaustor nimmt Betrieb auf
726	Einführung der "Allgemeinen Salzkonskription"
766	Auf dem Marktplatz wurde der "Soldatengalgen" errichtet
859	Errichtung des Händel-Denkmals auf dem Markt
868	Brunnen auf dem Markt eingeweiht
869	Siedebetrieb auf der alten "Thalsaline" wird eingestellt
891-1894	Bau des Stadthauses
891	Erste elektrische Straßenbahn fährt in Halle
928-1930	Bau des Ratshofes
939-45	553 Fliegeralarme - Roter Turm, Rathaus ... werden zerstört
948	Eröffnung des Händel-Hauses als Museum
952	Erste Händel-Festspiele
964	Einstellung der Salzförderung
967	Uhrenhaus wird Hallorenmuseum
969	Eröffnung des Salinemuseums im ehemaligen Siedehaus
975	Roter Turm erhält neuen Helm
993	Roter Turm erhält weltgrößtes Glockenspiel
995	1. Hallesches Salzfest
998	Errichtung des Göbel-Brunnen auf dem Hallmarkt
998	Bau der Georg-Friedrich-Händel-HALLE am Salzgrafenplatz

Weiterführende Literatur

Autorenkollektiv:
Der Göbel-Brunnen, Halle 1998

Dreyhaupt, Johann Christoph von:
Beschreibung des Saalkreises, 2 Bände, Halle, 1749/50

Freydank, Hanns:
Die Halloren, Halle, 1931

Freydank, Hanns:
Halloren und Hallesche Pfännerschaft, Halle 1932

Hertzberg, Gustav:
Geschichte der Stadt Halle von den Anfängen bis zur Gegenwart, Halle 1889-93

Knauth, Franz:
Wegweiser durch Halle und seine Umgebungen, Halle 1853

Lemmer, Manfred:
Der Saalaffe, Halle 1989, VEB Postreiter Verlag

Romantisches Halle. 40 Blätter von Albert Grell, hrsg. v. Peter Kubiak, 1990

Mager, Johannes:
Kulturgeschichte der Halleschen Salinen, Halle 1995

Mrusek, Hans-Joachim:
Halle/Saale, Leipzig 1976, VEB E.A. Seemann Verlag

Piechocki, Werner:
Das alte Halle, Halle 1992, fliegenkopf verlag Halle

Riehm, Gottfried/ Piechocki,Werner:
Halle an der Saale, Halle 1992, fliegenkopf verlag

Röntsch, Karin:
Halle – Straßennamen mit Erläuterungen, Halle 1994, HKR Verlag

Schönemark, Gustav:
Beschreibung Darstellung der älteren Bau- und Kunstdenkmäler der Stadt Halle, Halle 1886

Schubert, Karin:
Was man im alten Halle kochte, Halle 1990, Mitteldeutsche Druck- und Verlags GmbH

Schultze-Gallera, Siegmar von:
Das mittelalterliche Halle, Halle 1925

Schultze-Gallera, Siegmar von:
Die Sagen der Stadt Halle und des Saalkreises, Halle 1921

Schultze-Gallera, Siegmar von:
Topographie oder Häuser- und Straßengeschichte der Stadt Halles a. d. Saale, Bd.1, Halle 1920

Seidel, Christina:
Halle für junge Leute, Historie-Heimat-Humor, Ruth Gerig Verlag, Königstein/Taunus 1992

Seidel, Christina:
Sachsen- Anhalt - Land und Leute, Leipzig1994, LKG

Seidel, Christina/Wünsch, Kurt:
Ein Justizmord in Halle, Halle 2000, Heiko Richter Verlag

Besonderer Dank gilt Herrn B. Werner, Direktor des Stadtmuseums Halle, für die gründliche Durchsicht des Manuskripts.

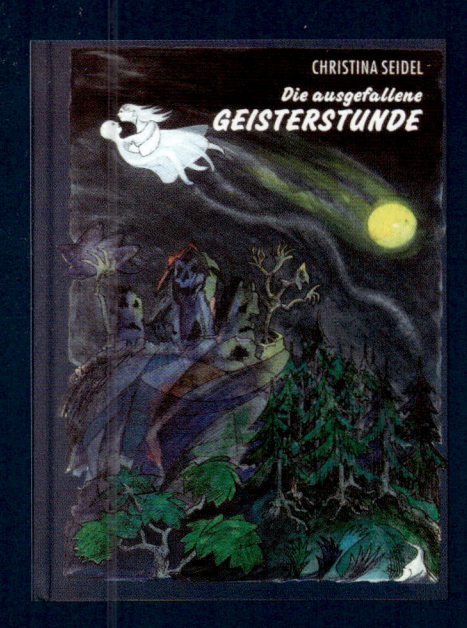

Weil Pfarrer Friedlich die Kirchturmuhr wegen der Sommerzeit vorstellt, fällt auf der Höllenburg die Geisterstunde aus. Nur das kleine Gespenst Namenlos wacht auf und schwebt über die verbotene Mauer, um die Menschen zu erschrecken. Aber dann findet er die unglückliche Glückline. Die hat Herr Eurozahn, der Besitzer der Gespensterbahn, angekettet ...

Die Autoren schildern in einer spannenden Handlung bewegte Jahre in der Geschichte der Stadt Halle (1514 - 1535). Im Mittelpunkt stehen zwei Männer, der allmächtige Kardinal Albrecht und sein Finanzier und Bauverweser Hans von Schönitz, deren Freundschaft an Machtmissbrauch, Gewinnsucht und der Rivalität um eine Frau zerbrach.

40